DE LA DIRECTION

DES

THÉATRES SUBVENTIONNÉS

PAR

ALFRED DEBEAUCY

LYON

IMPRIMERIE E. B. LABAUME

COURS LAFAYETTE, 5.

1865

LYON, IMP. LABAUME, C. LAFAYETTE, 5.

DE LA DIRECTION

DES

THÉATRES SUBVENTIONNÉS

S'il est à Lyon un fait incontestable, et aujourd'hui incontesté, c'est que le niveau des théâtres de notre ville a singulièrement baissé depuis quelques années.

Le temps n'est plus où Paris venait, chaque saison, faire sur nos scènes dramatique et lyrique une abondante razzia pour enrichir ses théâtres de sujets de premier mérite. Je ne prétends pas dire pour cela que nous en soyons réduits à n'avoir que des cabotins de troisième ordre ; il y a, parmi les pensionnaires de la direction, des artistes de talent; mais, hélas ! combien ils sont clairsemés, et qu'il y a loin de ces deux ou trois bonnes individualités, à l'ensemble que je voudrais avoir.

En écrivant ces pages je me propose un but: à savoir, de rechercher quelles sont les causes de la décadence que j'ai signalée, et d'exposer les moyens qui me paraissent les meilleurs pour remédier à cet état de choses. Dans le cours de cet opuscule j'aurai à attaquer, sur différents points, la direction actuelle de nos théâtres subventionnés; je tiens avant tout à déclarer ici que je n'obéirai en cela à aucune animosité personnelle, et que c'est à la gestion, non au gérant, que mes critiques s'adresseront.

I.

Beaucoup de personnes croient, et M. Félix a toujours cherché à accréditer cette erreur, que la liberté des théâtres est la seule cause qui a détourné une bonne partie des spectateurs de continuer à fréquenter ceux d'entre eux auxquels la ville accorde une subvention. Tel n'est pas mon avis, et je vais essayer de prouver, en peu de mots, combien cette opinion est peu fondée. Il convient, en premier lieu, de remarquer une chose; c'est que le discrédit des théâtres lyonnais est antérieur à la proclamation de la liberté de trois ans; il date de la direction Carpier.

Auparavant, et pendant un long espace de temps, nos théâtres avaient suivi une heureuse veine; leur gestion avait été confiée à des directeurs habiles qui avaient su, avec des ressources bien moins considérables qu'aujourd'hui, mener à bien leur entreprise.

Dans ce nombre, je dois citer, en première ligne, M. Halanzier que Marseille a été assez heureuse d'attirer dans ses murs.

Au-dessous de lui, M. Delestang mérite également une mention particulière. Or, à cette époque, la subvention municipale était, si je ne me trompe, de cinquante mille francs.

En 1861, M. Carpier arrivait à Lyon en qualité de directeur privilégié; il avait obtenu, autant que je puis me le rappeler, une augmentation de 10,000 francs du chiffre de la subvention précédente, cette somme portait donc la part de la ville à 60,000 francs. Ce chiffre qui nous semblerait si modeste aujourd'hui parut à cette époque, à beaucoup de gens, d'une élévation exhorbitante.

La déconfiture de M. Carpier fait tenir en très-piètre estime son habileté par la plus grande partie du public qui juge, dans ce cas comme dans beaucoup d'autres, sans approfondir assez les choses. Sans vouloir présenter M. Carpier comme l'idéal des directeurs de théâtre, je crois devoir déclarer, qu'à mon avis, il est supérieur à la grande majorité d'entre eux; et je suis persuadé que les plaintes contre la direction actuelle seraient moins vives, et surtout moins nombreuses, si M. Félix s'était soucié des plaisirs du public et des priviléges de l'art, autant que l'a fait, à l'époque dont je parle, son ancien associé.

Il ne faut pas perdre de vue, en effet, que Lyon n'a été que le témoin et non pas la cause première de la déconfiture de M. Carpier. Sa faillite est arrivée, comme elles arrivent dans toutes les entreprises commerciales, après avoir été longtemps reculée au moyen d'expédients. Lorsqu'il obtint la direction de nos deux scènes, il venait de Bordeaux où il avait essuyé des pertes sensibles. Les frais considérables qu'il avait dû faire pour remonter *Charles VI*, frais restés improductifs vu la suspension *par ordre* des représentations de cet ouvrage le lendemain de sa reprise, avaient surtout contribué à rendre précaire sa situation. Ce fut par un tel concours de circonstances qu'il arriva dans notre ville, en compagnie d'une bonne partie de ses anciens artistes qui n'avaient consenti à le suivre qu'à des conditions fort onéreuses pour lui. Pour solder leur arriéré, payer le chiffre très-élevé de leurs appointements, faire face aux dépenses diverses et multiples que nécessite l'exploitation d'un théâtre et relever son crédit, il fallait de l'habileté; il fallait trouver le moyen d'attirer sans cesse la foule aux représentations. Ce moyen que tant de directeurs cherchent en vain, M. Carpier le trouva sans peine; il monta des nouveautés, non pas des nouveautés de deux ou trois ans comme cela a trop souvent lieu, mais des pièces nouvelles toutes fraiches, et dont le parfum n'avait pas encore eu le temps de s'évaporer dans les cartons. Cette conduite était la seule bonne, la seule réellement habile, et sans nul doute elle eût porté ses fruits, si Lyon eût alors été dans une condition normale. Mais la male chance semblait prendre à tâche de poursuivre l'infortuné directeur. C'était pendant l'hiver de 1861-62 de douloureuse mémoire, alors que nos ouvriers demandaient à la souscription publique le pain nécessaire à la subsistance de leur famille, que le manque absolu de travail les empêchait de gagner. Bien minime devait être, dans cette situation, le budget du plaisir, et la population ouvrière, le vrai public quoi qu'on en ait, et le principal noyau des recettes faisant défaut, il n'est pas étonnant que la catastrophe attendue n'ait pu être plus longtemps conjurée.

Entre la direction Carpier et la proclamation de la liberté des théâtres, un intervalle de deux années s'écoula pendant lequel M. Delestang fut à la tête de l'entreprise. Cette période fut pour notre scène d'opéra complètement inactive, par suite de circonstances indépendantes de la volonté du directeur, et par l'impossibilité absolue où il se trouva la première année, vu l'époque tardive de sa nomination, de recruter sa troupe ailleurs que parmi les sujets dont les scènes rivales n'avaient pas voulu.

Pour les Célestins, au contraire, cette nouvelle gestion fut bonne et plusieurs pièces, comédies et drames, d'une valeur littéraire réelle, conquirent droit de cité parmi nous.

En somme, M. Delestang n'avait pas démérité des Lyonnais, lorsque, son privilége expirant, il quitta les théâtres pour la villégiature.

II.

C'est à cette époque, c'est-à-dire il y a un an, que fut inaugurée la liberté des théâtres annoncée depuis longtemps et décrétée plus de six mois auparavant. Ce fut alors aussi que M. Raphael Félix prit en main les rennes de la direction. Il arrivait dans des circonstances difficiles, nul ne songe à le lui contester, mais comme il n'avait aucune concurrence sérieuse, il lui était aisé de conquérir et de conserver les sympathies du public qui ne lui était alors nullement antipathique, et qui lui a peut-être montré par la suite trop d'indulgence.

D'ailleurs le dommage qui résultait pour lui de la perte des redevances que payaient à ses prédécesseurs les cafés chantants et les spectacles forains était largement compensé par l'augmentation de 40,000 francs de subvention qu'on lui avait accordée, augmentation qui, dans le courant de la saison, a été portée à 90,000 francs. De plus, le prix des abonnements avait été augmenté. M. Félix pouvait donc parfaitement arriver à réaliser des bénéfices, tout en prenant souci des intérêts du public.

Au lieu de cela qu'a-t-il fait? rien, rien, rien! Et cela parce qu'il a considéré la gestion de nos théâtres, comme une entreprise essentiellement commerciale et nullement artistique.

Le prospectus d'ouverture contenait, avec le tableau de la troupe, cette phrase spécieuse : « Ne rien promettre et tenir beaucoup, voilà ma devise. » Certes, de pareils mots étaient habiles, et devaient par la suite être habilement exploités; il était, en effet, si facile de répondre aux mécontents que n'ayant rien promis, on n'avait le droit de rien exiger. Mais faut-il bien prendre le sens de ces paroles au pied de la lettre? je ne le crois pas, et voici pourquoi.

Vous ne voulez rien promettre, dites-vous; accordé; mais alors pourquoi, dans le même prospectus, promettre que les débuts seront maintenus dans toute leur intégrité, que le mot relâche fera place sur les affiches aux titres des meilleures pièces du répertoire du théâtre français, etc., etc., et enfin le dernier membre de phrase n'est-il pas la contre-partie du premier? Du moment que vous annoncez au public que votre devise est de tenir beaucoup, vous prenez par cela même l'engagement de la suivre. Mais laissons de côté ces chicanes de mots et argumentons.

Examinons si réellement vous avez tenu beaucoup, et dressons le bilan de l'année qui vient de s'écouler. Qu'y trouvons-nous? Avec la meilleure volonté du monde, je ne puis enregistrer à l'actif qu'un seul succès, *Roland à Roncevaux;* succès incontestable, je me plais à le reconnaître, mais malheureusement beaucoup trop isolé.

Au contraire, le passif est malheureusement considérable, et les griefs du public sont nombreux. Les promesses, tant officielles qu'officieuses qui ont été faites à diverses reprises, n'ont pas été tenues, et la direction a commis de nombreuses fautes. Qu'on me permette d'en citer quelques-unes.

Contrairement à ce qui avait été annoncé, les débuts n'ont pas été maintenus dans toute leur intégrité. Des artistes importants, des chefs d'emploi commes mesdames Smith et Cyriali n'ont pas débuté; des artistes, acceptés par le public, ont été écartés par l'administration; d'autres auxquels le verdict avait été défavorable, madame Blanchard par exemple, ont été conservés malgré quand même; d'autres enfin se sont vus refuser par l'administration la faculté de terminer leurs débuts : témoin madame Vadé. Ce sont là des manques d'égards graves envers le public, et dont il peut à bon droit se plaindre.

Les abonnés, eux, ont particulièrement le droit d'être mécontents de la manière insolente dont le directeur a répondu à la lettre collective qu'ils lui avaient adressée et qui avait été publiée par les journaux lyonnais; et conjointement avec la masse du public ils se plaignent :

De la comédie ridicule que l'administration a joué à propos du ténor en double porté sur ses affiches, comme faisant partie de la troupe, comédie à laquelle M. Soustelle s'est prêté avec une complaisance qui pourrait bien lui coûter cher. Nul n'ignore en effet que lors de l'engagement de sa femme, à Lyon, cet artiste se présentait pour tenir l'emploi de baryton.

De l'inexécution de l'engagement pris par la direction de faire jouer au Grand-Théâtre, les mardi et samedi, de belles et bonnes comédies, engagement qui n'a été tenu que pendant deux mois au plus. Passé ce laps de temps, au lieu du répertoire du théâtre français on nous a donné des vaudevilles plus ou moins grivois, des opérettes surannées, tels que *M. Choufleuri*, le *Joueur de Flûte*, *Mme Gibou et Mme Pochet*, *les Pommes du voisin*, *un Mari dans du coton*, *un Monsieur et une dame*, *le Carnaval des canotiers*, *l'Homme n'est pas parfait*, etc. J'en passe et des meilleures; leur nomenclature m'entraînerait trop loin. Il est vrai de dire que pour nous faire digérer ces plats terriblement indigestes, on nous servait au dessert les pirouettes d'une troupe de saltimbanques ou la lanterne magique de M. Rhode, et quelquefois, les jours de grand gala seulement, le *Farfadet* ou la *Lettre de Change*, tout cela en guise de chefs-d'œuvre. Qu'en doivent penser les grandes ombres qui hantent nos théâtres; par exemple celles de Molière, de Bellini, de Voltaire, de Mozart???...

Ils se plaignent aussi de ce que la direction n'ait pas monté toutes les nouveautés et les reprises qu'elle s'était engagée, par des annonces insérées dans les feuilles lyonnaises, à faire jouer dans le courant de la saison qui vient de s'écouler, et de les avoir remplacées par l'exhibition trop souvent répétée des chefs-d'œuvre indiqués plus haut. En effet, nous avons attendu en vain de voir paraître sur l'affiche

Herculanum, la *Reine de Saba*, *Lalla-Rouk*, *Mireille* et les reprises de *Norma*, les *Noces de Figaro*, *Rigoletto*, *Martha* et la *Traviata.*

Ils se plaignent encore et avec juste raison, de la manière déplorable dont on a fait interpréter des œuvres supérieures, dans le but de réaliser de mesquines économies sur les cachets des premiers sujets. Il faut réellement que la direction comprenne bien mal ses intérêts pour ne pas se rendre compte que le tort qu'elle fait à sa caisse est de beaucoup supérieur aux économies ainsi obtenues. Précisons.

Le premier ténor léger engagé est, malgré son talent de chanteur et vu l'insuffisance de sa voix, refusé par le public. Un artiste de mérite, Dufresne, est libre de tout engagement et se présente pour lui succéder; mais il demande un appointement en rapport avec son talent. La direction s'empresse de refuser, et va chercher un cabotin écarté sur des scènes de troisième ordre, dans le but de réaliser une économie de 1,500 francs par mois. Le public, avec une touchante unanimité, évince ce candidat peu humanitaire qui prétendait faire entrer à coups de poing, dans la tête de ses camarades et, qui plus est, des abonnés, l'admiration de son talent. Au lieu de le remplacer de suite, la direction préfère le faire jouer pendant un mois entier et pour gagner 1,500 francs voit, pendant tout ce temps, le théâtre désert pour les représentations d'opéras comiques.

Madame Vadé, contralto, ne termine pas ses débuts; rien n'était plus facile que de la remplacer; que fait la direction? Elle préfère engager plusieurs sujets de loin en loin, et laisser la place vacante.

Une grande artiste, madame Borghèse, est de passage; les abonnés, la presse, la chanteuse elle-même (je puis l'affirmer, elle me l'a dit), demandent au directeur de lui faire jouer les *Dragons de Villars*, sa création et son triomphe. Pour économiser un cachet, on fait la sourde oreille et l'on confie, elle à Lyon, le rôle de Rose à mademoiselle Dupuis, qui y obtient un immense succès... de gorge.

A la même époque on reprend le *Prophète*, opéra difficile s'il en fut, ce qui n'empêche pas de confier des rôles de première importance à des coryphées; mais il y avait deux noms en vedette sur l'affiche, et l'administration croyait avoir magnifiquement fait les choses; les sifflets du public ont pu la convaincre du contraire. On monte *Lara;* il y a au premier acte une ballade pour la chanteuse qui est excessivement périlleuse; et c'est mademoiselle Pauline qu'on choisit pour interpréter le rôle; on pouvait mieux faire cependant. Enfin, on fait interpréter des opéras tels que *Lucie de Lamermoor*, le *Domino noir*, *Haydée*, l'*Etoile du Nord*, *Norma*, le *Comte Ory*, la *Dame blanche*, etc., etc. par mademoiselle Cyriali, la seule de toute la troupe qui n'ait pu avoir une part, tant petite soit elle, dans le succès de

Roland; et celà lorsqu'on a sous la main mademoiselle Marimon, une fauvette aux notes perlées, aux roulades brodées de délicieuses arabesques. Et si quelqu'un de ses admirateurs veut l'entendre, il lui faut quoiqu'il en ait se payer le *Toréador*, gentille opérette si l'on veut, mais qu'il ne faudrait pas trop prodiguer.

Aux Célestins, le jeune premier se voit forcé de donner sa démission par suite de querelles avec la direction; on le laisse partir sans le remplacer, ce qui force à ajourner à l'année suivante d'importantes nouveautés.

En agissant ainsi, le théâtre tombe en désarroi; le public qui se soucie peu de payer pour entendre écorcher les chefs-d'œuvre en oublie le chemin; les quelques amateurs frénétiques qui y vont malgré tout font supporter aux artistes leur mécontentement, et on arrive ainsi peu à peu à un état d'hostilité permanente qui ne peut que nuire à l'art.

Puisque j'en suis sur le chapitre des reproches que l'on peut justement adresser à la direction Raphaël Félix, j'en formulerai encore deux, et si je m'en tiens là c'est pour faire preuve de modération. Ils porteront sur le complément des spectacles quotidiens, à savoir: les levers de rideaux et les ballets. Questions de peu d'importance, me dira-t-on? Peut-être. Bien qu'elles n'aient pas une importance capitale, elles en ont plus qu'on ne le pense. Il n'est de spectacle réellement attrayant qu'un spectacle homogène, c'est-à-dire composé d'un bout à l'autre d'éléments solides. Les levers de rideaux et les ballets ne sont pas sans avoir quelque influence sur le chiffre de la recette. Tel qui n'irait peut être pas revoir le *Barbier* ou la *Dame blanche* se décidera facilement si les *Noces de Jeannette* et le *Corsaire* complètent le spectacle.

Ces deux genres ont été bien délaissés cette année. On eut dit que la direction choisissait les plus mauvais opéras-comiques en un acte pour les faire représenter. On nous a donné plus qu'à satiété de la *Lettre de change* et du *Diable au moulin*, lorsque *Gille ravisseur*, *Actéon*, *Polichinelle* dorment dans les cartons; on a monté des farces stupides et mélophobes comme le *Mariage extravagant*, quand on n'avait qu'à choisir dans une foule d'œuvres charmantes, les *Absents*, le *Café du Roi*, les *Deux Cadis* et tant d'autres que j'oublie qui n'exigeaient pas plus de frais de mise en scène.

Quand aux ballets, à part le *Corsaire* qu'on a repris un jour où il n'y avait rien à mettre sur l'affiche et qui n'a eu que quatre représentations, on en a joué trois dans l'année: *Marco Bomba*, les *Meuniers* et la *Noce de Marguerite*, les plus nuls qui se puissent trouver. Il y a pourtant dans le répertoire de délicieuses pantomines dont la musique est fort gentiment écrite et que le public reverrait avec grand plaisir : elles sont signées Luigini et Jules Ward. Pourquoi donc alors?... Mais non, je ne veux pas faire de chicanes à ce propos, puisqu'il est convenu que toute œuvre locale est nécessairement mauvaise, je me contenterai seulement de demander : pourquoi un personnel chorégraphique si nombreux, si on doit ne pas s'en servir? Ou donnez-nous des ballets, de vrais ballets et plus d'une fois tous les quinze jours, ou supprimez-les complètement, et ne gardez que juste le personnel nécessaire pour les pas intercalés dans les grands opéras. Puisque vous trouvez que la subvention est insuffisante, ne grevez pas inconsidérément votre budget de dépenses inutiles.

III.

Puisque j'ai promis de terminer ici l'énumération des griefs qu'a le public contre la direction, je me contenterai de parler d'une manière générale des masses chorales et instrumentales. Cette partie de l'interprétation des œuvres musicales est, sinon la première, du moins une des plus importantes, et je puis dire sans crainte d'être démenti, que c'est la plus négligée, surtout sous le rapport des chœurs. Cette année, ils ont été plus mauvais encore, s'il est possible, que de coutume; l'orchestre lui-même est loin d'avoir soutenu sa vieille réputation. D'où vient ce mal, et quels sont les moyens d'y remédier ? La réponse est facile.

Tout le mal provient de l'insuffisance des appointements de ces artistes. La plupart des directeurs, obéissant à un calcul essentiellement faux comme je crois l'avoir suffisamment démontré, cherchent à faire des économies plus fictives que réelles, en réduisant à leur plus simple expression les émoluments des masses. De cette manière, il arrive que, n'ayant pas réellement de quoi vivre avec ce que leur alloue leur directeur, ces artistes cherchent à compléter ailleurs leurs moyens d'existence, et par conséquent négligent d'autant les études du théâtre, Je l'ai dit pour les sujets de second ordre, je le répète pour les masses. Il importe avant tout de se composer un bon ensemble. Un bon ensemble, c'est la condition *siné quâ non* d'une exécution parfaite ou du moins toujours convenable. Il me sera facile de prouver ce que j'avance, et la direction actuelle ne récusera pas l'exemple que je vais lui donner.

Est-il vrai que dans *Roland* les chœurs aient eu la plus grande part du succès ? Evidemment oui, et M. Félix me le contestera moins que tout autre. Les occasions de louer la direction sont trop rares pour que je ne la remercie pas ici d'avoir augmenté le personnel des chœur d'une manière considérable, et d'avoir soigné d'une façon toute particulière les ensembles de la belle partition de Mermet. Mais, qu'il me soit permis de demander ce qu'il serait advenu si les *final* du premier, du troisième et même du second acte eussent été exécutés par les chœurs du Grand-Théâtre en nombre ordinaire. Au lieu de crouler sous les applaudissements, la salle eût sans nul doute retenti de sifflets aigus. Pourquoi donc alors ne pas faire toujours ce qu'on a fait pour cet opéra privilégié ? Pourquoi ne pas avoir continuellement un nombre de choristes suffisant ? Pourquoi ne pas choisir des voix jeunes et bien nourries au lieu et place de celles qui accompagnent dignement dans le *Miserere* du *Trouvère* les cloches dès longtemps fêlées ? On pourrait ainsi représenter convenablement les opéras dans lesquels les chœurs sont la partie principale. *Faust*, *La Muette de Portici*, *Robin des Bois* seraient revus avec plaisir, tandis qu'aujourd'hui ils sont presque, vû l'infériorité manifeste de leur exécution, le supplice des auditeurs.

IV.

On voit par ce qui précède que les fautes de la direction ont été nombreuses, et que c'est avec raison que le public est indisposé contre elle. Il importe maintenant de rechercher les moyens de remédier au mal et de relever autant qu'il est en notre pouvoir l'art dramatique et musical à son juste niveau.

Si j'entre aujourd'hui dans la lice pour formuler une opinion, ce n'est pas que j'aie précisément caractère pour cela. Amateur passionné de spectacles et surtout de musique, habitué fervent de nos théâtres, c'est à ce seul titre que je viens ici émettre dans l'intérêt général, autant que dans le mien propre, une idée que je crois bonne, et la soumettre en même temps à l'administration supérieure et au public, le meilleur juge en pareille matière.

Pour relever le théâtre et le rendre un véritable foyer de l'art, je ne vois qu'un seul moyen : rendre la direction une entreprise artistique et non commerciale, et pour ce faire je demande :

1° *Que l'administration supérieure prenne en ses mains la direction de nos deux premières scènes sous le rapport pécuniaire.*

2° *Que la gestion de l'entreprise soit confiée à deux directeurs, l'un pour le Grand-Théâtre, l'autre pour les Célestins.*

3° *Que ces directeurs soient nommés par les abonnés de l'un et de l'autre théâtre et choisis entre un certain nombre de candidats (trois seraient je crois suffisants) agréés par l'administration municipale.*

4° *Que le directeur agréé soit soumis à un début d'un mois la pre-*

mière année, et à une rentrée les années suivantes pour les mêmes raisons qui ont fait maintenir les débuts à l'égard des artistes.

5° *Que le directeur soit à appointements fixes, avec une part déterminée dans les bénéfices éventuels.*

6° *Qu'une part proportionnelle dans les bénéfices soit également allouée aux divers artistes.*

7° *Que le Grand-Théâtre s'occupe exclusivement des opéras, opéras comiques, traductions et ballets, formant le répertoire des théâtres lyriques de Paris ; et le théâtre des Célestins des comédies sérieuses, des tragédies et drames de mérite qui se jouent sur les deux théâtres français et parfois sur les scènes du Vaudeville et du Gymnase, laissant aux théâtres rivaux qui se montent dans diverses parties de la ville les œuvres stupides et honteuses qu'il se complait à nous exhiber depuis quelque temps.*

8° *Que le personnel des deux troupes de comédie et d'opéra soit toujours au grand complet, avec des doublures pour les premiers rôles, afin que le public ne se trouve pas à la merci du caractère ou de la santé d'un artiste.*

9° *Que les travaux d'établissement du Conservatoire et de la salle de Concert soient poussés avec activité, et que, conformément aux intentions de la commission, intentions que M. Emile Guimet a exposées dans une séance publique, les membres de l'orchestre et des chœurs de notre première scène soient exclusivement choisis parmi les élèves lauréats du Conservatoire, dont les professeurs devraient tous faire partie de l'orchestre.*

10° *Qu'il soit établi au Grand-Théâtre un maître des chœurs spécial.*

11° *Que le ballet soit dirigé par un régisseur capable ; et cesse de faire ressembler la scène du Grand-Théâtre, lorsqu'on y joue des pantomines à une salle de bal masqué.*

Cela est loin d'être impossible et Justamant nous l'a surabondamment prouvé.

Qu'on fasse cela, et je crois pouvoir affirmer que le succès répondra à mon attente.

V.

C'est avec au moins autant d'étonnement que de peine que j'entends des gens prétendre que l'art théâtral est mort à Lyon, et que si la subvention peut encore soutenir les scènes privilégiées, lès entreprises dramatiques privées ne peuvent que ruiner leur directeur. Il y a peu de jours encore le *Courrier de Lyon* soutenait cette thèse.

Bien que le docteur Chapot, signataire de l'article, ne soit pas une autorité en pareille matière, et que conséquemment ses élucubrations en ce genre ne fassent pas sensation, je crois devoir néanmoins lui répondre en peu de mots que pour juger d'une situation nouvelle, il faudrait attendre au moins de l'avoir vu expérimenter d'une façon convenable, et non par des gens qui, comme M. Thévenet, commencent dans le plus mauvais moment de l'année, avec leur bonne volonté pour seule ressource. Qu'il me permette aussi de rectifier quelques-unes de ses assertions.

D'abord le théâtre des Variétés n'a pas fait faillite, il fait relâche seulement pendant les mois d'été; ensuite il m'est parfois arrivé cet hiver d'aller y applaudir un de mes amis d'enfance qui, sous le pseudonyme d'Armand, y remplissait les rôles de jeune premier, et je l'ai toujours vu jouer devant une salle convenablement garnie et non pas devant les banquettes.

Il ne faut pas oublier non plus que l'exiguité des scènes du Cercle des Familles et des Variétés leur empêchera toujours de faire aux théâtres privilégiés une concurrence sérieuse, et les réduira infailliblement au rang d'école d'artistes amateurs aussitôt que seront achevées les nouvelles grandes salles projetées ou en construction.

Seul jusqu'à ce jour, le Gymnase dramatique eût pu faire aux Célestins une concurrence sérieuse; mais comme je l'ai dit, il a commencé dans un mauvais moment, et sans que le directeur ait eu d'autres fonds que ceux strictement nécessaires à l'organisation de sa troupe. Malheureusement il ne suffit pas d'avoir la locomotive pour que le convoi se mette en marche et fournisse une longue course, il faut aussi le charbon nécessaire, et c'est le charbon qui a manqué à M. Thévenet. Nous lui devons néanmoins des remercîments pour la manière agréable dont il a su varier la composition de ses spectacles pendant sa courte gestion.

M. Chapot prétend que ce sont les seuls habitants de la Guillotière qui devront former le public de ce théâtre, et qu'il ne doit, en aucune façon compter sur ceux qui demeurent dans les autres quartiers de Lyon. Qu'il me permette de le détromper. Je connais pas mal de gens, et moi tout le premier, qui demeurant à proximité des Célestins se sont abstenu d'y aller tant que la belle Hélène-Schneider y a tenu le haut du pavé, et qui pendant ce temps ont pris maintes fois le chemin du Gymnase où la troupe ne manquait pas d'une certaine valeur artistique. Au surplus, ce qui se passe à Paris démontre, sans s'y arrêter, l'insanité du raisonnement que je combats.

Mon opinion personnelle est qu'à Lyon, quatre ou cinq théâtres importants peuvent vivre côte à côte et faire tous leurs affaires, mais à deux conditions : la première, de jouer chacun des genres de pièces différents; la seconde, de donner des représentations quotidiennes, car le public ne prête qu'une fort médiocre attention aux affiches qu'il ne voit pas régulièrement s'étaler à la même place.

VI.

On peut facilement se rendre compte par ce qui précède que ce n'est pas dans le but de faire tomber les entreprises rivales que je demande, non seulement le maintien de la subvention allouée aux deux théâtres privilégiés, mais encore leur exploitation par la ville.

Trop longtemps Lyon a eu la réputation d'être une ville exclusivement mercantile; trop longtemps on lui a reproché de n'avoir aucun sentiment artistique. Il faut prouver à nos détracteurs que les productions de l'intelligence ont aussi chez nous quelque crédit.

Il n'y a rien d'exhorbitant dans le vœu que j'émets aujourd'hui.

A Paris, les deux principaux théâtres sont ainsi gouvernés et nul ne songe à s'en plaindre. D'ailleurs, pour une ville comme la nôtre, 50,000 francs de plus peut-être à dépenser par an ne sont pas à regarder, surtout lorsqu'on peut avoir en compensation d'aussi grands avantages.

Indépendamment d'avantages artistiques incontestables, il y en aurait sans doute aussi sous le rapport pécuniaire. N'est-il pas, en effet, avéré qu'une entreprise dirigée avec soin porte toujours avec elle des chances de réussite beaucoup plus nombreuses.

Il faut donc avant tout s'occuper de faire représenter de belles œuvres, de monter, autant que possible, toutes les nouveautés, en encourageont spécialement les essais des auteurs lyonnais, de choisir dans le répertoire ancien les meilleurs ouvrages, et faire en sorte qu'ils soient dignement interprétés. Il s'agit pour cela de composer un bon ensemble, c'est-à-dire de donner à chacun le rôle qui convient à sa taille, de ne négliger aucun détail, quelque futile qu'il puisse paraître, et de soigner spécialement l'homogénéité de l'exécution.

Quand le spectateur sera sûr que le directeur, qui n'y aura plus d'intérêt, n'aura lésiné sur rien, et qu'il pourra à bon droit compter sur une exécution parfaite d'ensemble, il reprendra bien vite le chemin du théâtre, et l'augmentation des recettes couvrira, et au-delà, les dépenses occasionnées par d'utiles et fructueuses améliorations.

En outre, en laissant aux abonnés le soin de choisir eux-mêmes leur directeur, on arrivera à augmenter beaucoup cette source de revenus. Tel qui tient dans l'ordre de choses actuel à conserver sa liberté d'action prendra bien vite une carte d'abonnement, s'il acquiert par là le droit de choisir, entre les différents candidats présentés par l'administration. La certitude d'avoir toute l'année de beaux spectacles supérieurement exécutés ne peut qu'augmenter aussi le chiffre des abonnements.

De plus, la combinaison que je propose aurait l'avantage de supprimer les administrateurs généraux, puisque les fonctions qu'ils remplissent aujourd'hui seraient attribuées au directeur devenu gérant intéressé, et permettrait ainsi de réaliser une économie importante, sans qu'elle fût préjudiciable à aucune branche du service. Le directeur agréé par le public serait, lui, incessamment excité à bien faire, par la perspective de la rentrée qui lui serait imposée, et loin de le mécontenter chercherait à le satisfaire par tous les moyens en son pouvoir.

Puisque j'en suis venu à parler de rentrée, quelques mots avant de déposer ma plume sur le mode de débuts employé. Je l'ai dit autrefois dans une lettre adressée à un journal de notre ville, à propos de la rentrée de M. Danguin, je le répète ici : Je crois qu'il serait désirable de changer de méthode, de supprimer pendant les débuts l'applaudissement qui souvent provoque le sifflet, aussi bien que le sifflet qui presque toujours démoralise l'artiste et paralyse ses moyens. Qu'on attende pour se prononcer, non seulement la fin du spectacle, mais la fin du dernier début ; on jugera alors en parfaite connaissance de cause.

Et même alors le sifflet me paraît un mauvais mode de votation ; bien qu'il ne soit plus que l'expression d'une opinion, il y a en lui une brutalité qui me parait injurieuse pour l'artiste, et je ne voudrais le voir conserver que pour formuler un jugement sur les pièces nouvelles, à la fin de leur première représentation.

Quand aux débuts, je voudrais voir employer pour eux le suffrage universel que plusieurs villes déjà ont adopté. C'est un moyen beaucoup plus sûr de connaître la décision de la majorité, un grand nombre de spectateurs s'abstenant de toute manifestation avec la manière actuelle de procéder. Je voudrais pour cela deux urnes séparées, l'une pour recevoir les votes du public, l'autre pour ceux des abonnés; en cas de partage à peu près égal des voix de la première, la décision des abonnés devrait être souveraine. Il est bien entendu qu'il serait interdit au directeur d'accorder aucune entrée de faveur, les jours de débuts

Je crois le moyen que je propose excellent. Que l'administration préfectorale veuille bien l'essayer, et j'ai tout lieu de croire qu'elle n'aura pas à s'en repentir.

VII.

En résumé, je propose à la commission municipale qui dépense par an 150,000 francs, à titre de subvention théâtrale, d'élever nos deux premières scènes a un niveau digne de la ville de Lyon, en courant la chance de diminuer ce chiffre, si les bénéfices sont tels que je suppose. Pour cela, il suffira d'établir comme une grande société anonyme des plaisirs du public, dont le directeur du théâtre sera le gérant et tous les artistes, du premier au dernier, actionnaires plus ou moins importants, suivant leurs emplois respectifs. Je crois l'idée bonne et je la soumets telle quelle au public, dans lequel je ne doute pas qu'elle ne fasse son chemin.

J'ose espérer que des voix plus autorisées se joindront à la mienne pour appuyer les mesures que je propose, et qu'elles seront prises en sérieuse considération par l'administration, si bienveillante pour les arts, de M. le sénateur Chevreau.

J'ai la ferme conviction qu'une réforme, devenue indispensable, de notre système théâtral ne se fera pas longtemps attendre.

Si pourtant il en devait être autrement, la pensée du devoir accompli me consolerait, et j'aurais eu du moins l'honneur, en signalant le mal, d'en avoir indiqué le remède.

ALFRED DEBEAUCY.

P. S. — Je viens de prendre connaissance du prospectus affiché par M. Félix, et contenant le tableau de la nouvelle troupe. Au milieu d'explications diffuses et embarrassées, le directeur nous fait savoir qu'il supprime les débuts. Cette décision est profondément regrettable à quelque point de vue que l'on se place.

www.ingramcontent.com/pod-product-compliance
Lightning Source LLC
LaVergne TN
LVHW010219230826
846091LV00008BB/3579

* 9 7 8 2 0 1 9 9 3 5 6 6 5 *